PRAGER/REINER

Unsere Weihnachtslieder

Gerhard Prager
Walter und Traudl Reiner

Unsere Weihnachtslieder

und ihre Geschichte

Süddeutscher Verlag

Der Band enthält 24 farbige und sechs Schwarzweiß-
Illustrationen von Walter und Traudl Reiner,
die auch den Umschlag und das Layout gestalteten

ISBN 3-7991-6035-3

Printed in Germany. Schrift: Garamond Antiqua.
Reproduktion und Druck: K. Wenschow GmbH, München.
Bindearbeit: Conzella, München.

INHALT

Es ist ein Ros' entsprungen

Niemand weiß mehr genau, welches Jahr die Chronisten der Welt in ihren Büchern verzeichneten, als ein junger Mönch mit Namen Laurentius in einem Kloster unweit von Trier lebte. Doch es mag um das Jahr 1600 gewesen sein. Jenes Kloster erhob sich in stattlicher Höhe über dem Moseltal inmitten einer gottgesegneten Landschaft.

Laurentius hatte nach dem Geheiß seines Vaters in jungen Jahren die Weihen genommen und sich willig, mit der Geduld des wahrhaft frommen Menschen in die Gemeinschaft der Brüder eingelebt. Er lebte unter seinesgleichen voll sanfter Zurückhaltung und einer ungezwungenen Leidenschaftslosigkeit. Sein gütiges Wesen, die Art, wie er im Gespräch die Worte zu setzen, und der Eifer, mit dem er zu arbeiten wußte, trugen ihm beizeiten die besondere Liebe und Zuneigung des Priors ein. Keines anderen Stimme war beim abendlichen Tedeum so erfüllt von Inbrunst und Fröhlichkeit wie die seine.

Nächtelang studierte er alte Schriften und übertrug Teile daraus mit schönen und klaren Lettern in ein selbstgebundenes Buch. Da er zudem von je eine starke Neigung zur Musik besessen hatte, übte er sich im Lesen und Niederschreiben von Noten, und wenn er, wie es nicht selten geschah, die Orgel spielte, flossen die Melodien so ineinander, daß er manchmal nicht zu unterscheiden wußte, welche davon er selber erdacht und welche er von alten Meistern übernommen hatte.

An einem Weihnachtsmorgen hatte Laurentius sich früh von seinem Lager erhoben; denn es waren viele Pilger zu erwarten, die alljährlich ins Kloster kamen, um dort die Christmette zu hören. Da der junge Mönch das Amt des Pförtners innehatte, war es sein Dienst, dafür zu sorgen, daß niemand vor dem Tor unnötig zu warten brauchte.

Aber noch war es dunkel draußen, und keine Menschenseele rührte sich. In der Nacht hatte es unaufhörlich geschneit. Laurentius trat die ersten Spuren in den frischen Schnee, als er den Klostergarten durchquerte, um zur Pforte zu gelangen. Ein blasser, dunstiger Mond erhellte den Himmel. Auf dem Rückweg kam Laurentius am Brunnen vorüber. Als er sich über dessen Rand beugen und auf den Grund hinabschauen wollte, wie er es gern tat, um dem rieselnden Laut des Wassers zu lauschen, fiel sein Blick unversehens auf einen Rosenstrauch zu Füßen der Brunnenmauer. Was er plötzlich sah, ließ ihn für eine Weile vor Freude und Erstaunen den Atem verhalten. Zwischen den kahlen, froststarrenden Zweigen des Strauches wuchs ein grünes Reis auf, und an seinem Ende erblühte in makelloser Schönheit eine Rose.

Sein Staunen wich tiefer Ergriffenheit. „Seltsam", dachte Laurentius, „eine blühende Rose mitten im kalten Winter!" Er brach sie behutsam und sog ihren Duft ein. Als er gewahr wurde, daß die ersten Pilger sich näherten, verließ er den Platz, wo er des Wunders teilhaftig geworden war, und gesellte sich zu den Brüdern in die Kapelle. Dort legte er, von niemandem bemerkt, die Rose unter das Bild der Gottesmutter. Und abermals geschah ein Wunder. Wäre Laurentius von geringem Glauben gewesen, würde er es für einen Zufall gehalten haben, daß just in dem Augenblick, da er sich in das Gebet der Gemeinde eingefügt hatte, der Priester das Schriftwort Jesaias sprach: „Es wird ein Zweig aufsprossen vom Stamme Jesses."

Laurentius fühlte seine Seele von einem großen Glück durchflutet. Ja, er war ausgezeichnet worden vor allen anderen!

Die Christmette war vorüber, und die Pilger begannen sich zu zerstreuen. Es war inzwischen Tag geworden. Das Licht drang mit matten Farben durch die Fenster der Kapelle.

In Gedanken verstrickt, schritt Laurentius vom Chorgestühl zum Lettner empor. Während er ging, sprach er Worte vor sich hin, die unablässig aus seinem Inneren aufstiegen. Die Worte fügten sich zu Zeilen, die Zeilen verbanden sich zu Versen: „Es ist ein Ros' entsprungen aus einer Wurzel zart . . .“

Er ließ sich auf der Orgelbank nieder. Den Orgelbuben, der sich gerade entfernen wollte, wies er an, noch einmal die Bälge zu treten. Und dann spielte und sang der Mönch das neugeborene Lied. Einige Gläubige, darunter eine Schar Kinder, kehrten in die Kapelle zurück und lauschten der wunderbaren, nie gehörten Weise. Da der Spieler sie einige Male wiederholte, ging sie jedem so ein, daß er sie bald mühelos mitsingen konnte. In dieser Stunde also trat das Lied in die Welt, das seither nicht mehr aus ihr fortzudenken ist:

„Es ist ein Ros' entsprungen/aus einer Wurzel zart . . .“

Das Röslein, das ich meine,
davon Jesaja sagt,
hat uns gebracht alleine
Marie, die reine Magd;
aus Gottes ewgem Rat
hat sie ein Kind geboren
wohl zu der halben Nacht.

Das Blümelein so kleine,
das duftet uns so süß;
mit seinem hellen Scheine
vertreibt's die Finsternis:
Wahr' Mensch und wahrer Gott,
hilft uns aus allem Leide,
rettet von Sünd und Tod.

Vom Himmel hoch, da komm ich her

Es ist die zweite Nacht hinter dem vierten Sonntag im Advent. Über den beschneiten Gassen und Giebeln der kursächsischen Stadt Wittenberg steht ein klarer, kalter Winterhimmel. Die Elbe zieht breit und dunkel an den Mauern vorüber. Nur auf dem schwarzblanken Eis, das der Strom in mächtigen Schollen mit sich führt, spiegelt sich Licht aus der Tiefe des Himmels. Die Welt aus Stille, Schnee und kaltem Licht ist wie der gefrorene Atem Gottes über dem Schlaf der Menschen.

Einer wacht. Der Mann, der im ersten Geschoß des Augustinerklosters über eine Schrift gebeugt sitzt, ist Doktor Martin Luther. Er arbeitet an seiner Weihnachtspredigt. Er hat den Kopf in die Linke gestützt. Seine Lippen bewegen sich. Er überliest halblaut den fertigen Text und teilt der Stille mit, was er anderntags, am Heiligen Abend, vor seiner Gemeinde hören lassen wird: „. . . ich kenne keinen größeren Trost, der den Menschen gegeben wäre, als daß Christus ein Mensch, ein Kind, ein Säugling wurde, der im Schoß der lieblichsten Mutter spielt und an ihrer Brust liegt.

Wen gibt es, den dieser Anblick nicht ergriffe und tröstete? Nun ist die Macht der Sünde, der Hölle, des Gewissens und der Schuld überwunden, wenn du zu diesem spielenden Kinde kommst und glaubst, daß es gekommen ist, nicht zu richten, sondern zu retten.“

Als Martin Luther mit seiner Predigt fertig ist, lehnt er sich aufatmend in den Stuhl zurück. Er ist zufrieden mit dem, was er geschrieben hat. Er richtet den Blick auf die Tür, hinter der seine Frau Käthe und die Kinder schlafen. Dann erhebt er sich leise, nimmt das Talglicht vom Tisch und tritt vor den Spiegel, der neben dem vierstöckigen Kachelofen hängt.

Doktor Martin Luther sieht sein Gesicht im Spiegel, ein Gesicht, auf dem ein fünfzigjähriges Leben seine Zeichen hinterlassen hat. In diesem Gesicht ist alles aufbewahrt: die Glaubenskämpfe von Erfurt, der Aufruhr zu Wittenberg, der Streit von Leipzig und der Trotz von Worms. Da sind die Spuren von Zorn und Demut, Angst und Zuversicht, Verzweiflung und Gottesgnade unauslöschlich hinterlassen. Und auch die Arbeit von Eisenach ist in dem Gesicht. Ja, vor allem die Arbeit! Er hat die Bibel deutsch gemacht und hat das gewaltige Werk, begonnen einst auf der Wartburg, diesen Sommer zu Ende gebracht, im Jahre des Herrn 1534. Nun wird die deutsche Bibel gedruckt, teils öffentlich, teils heimlich, in Mainz und in Bamberg, in Straßburg und in Basel, in Nürnberg und in Köln.

Gottes wort bleibt ewig.
Biblia/ das ist/ die gantze Heilige Sch-
rifft Deudsch.
Mart. Luth.
Wittemberg.
Begnadet mit Kür-
fürstlicher zu Sachsen
freiheit.
Gedruckt durch Hans Lufft.
M. D. XXXIIII.

Martin Luther sieht sein Gesicht im Spiegel, und er sieht sein Leben. Er hebt die Kerze vor den Mund und bläst sie aus. Über sein Gesicht fällt die Dunkelheit. Er wendet sich zum Tisch zurück. Im heller werdenden Fenster kündigt sich der Morgen an. Noch eine Stunde vielleicht, dann wird die Stube in Sonne getaucht sein. Da und dort regt sich schon jetzt etwas in den Häusern. Ein Torflügel knarrt, Milchkannen klappern. Unter dem Fenster zieht Schellengeläut vorbei, und das Knirschen von Schlittenkufen ist zu hören. Noch eine Stunde, dann werden die Kinder aus ihren Betten kriechen mit Lärm und Lachen. Hinter ihnen wird Käthe in die Tür treten. Sie ist noch geschwächt vom Kindbett, das sie heute vor dem Christfest zum ersten Male wieder verläßt. Luthers Gedanken richten sich voll Freude auf sein Jüngstes, aufs Margrethlein, das erst seit sechs Tagen auf der Welt ist. Er denkt auch an den Schluß seiner Weihnachtspredigt und denkt daran, daß jedes Neugeborene zu einem Boten Gottes erkoren ist. Ein Gefühl von Glückseligkeit überkommt ihn. Heute ist ja der Geburtstag Christi! In diesem Tag liegt die einmalige Weltstunde beschlossen, die widertönt vom Wort des Engels: „Fürchtet euch nicht! Siehe, ich verkünde euch große Freude . . .“
Luther hat noch eine Stunde Zeit für sich allein. Er beugt sich über den Tisch und schreibt im aschgrauen Frühlicht jenes Lied nieder, in dessen Worte aufs neue die seligste Botschaft an die Menschheit einfließt:

„Vom Himmel hoch, da komm ich her, / ich bring euch gute neue Mär . . .“

Euch ist ein Kindlein heut geborn
von einer Jungfrau auserkorn,
ein Kindelein so zart und fein,
das soll eur Freud und Wonne sein.

Es ist der Herr Christ, unser Gott,
der will euch führn aus aller Not,
er will eur Heiland selber sein,
von allen Sünden machen rein.

Er bringt euch alle Seligkeit,
die Gott der Vater hat bereit',
daß ihr mit uns im Himmelreich
sollt leben nun und ewiglich.

So merket nun das Zeichen recht:
die Krippe, Windelein so schlecht;
da findet ihr das Kind gelegt,
das alle Welt erhält und trägt.

Des laßt uns alle fröhlich sein
und mit den Hirten gehn hinein,
zu sehn, was Gott uns hat beschert,
mit seinem lieben Sohn verehrt.

Merk auf, mein Herz, und sieh dorthin:
was liegt doch in dem Krippelein?
Wes ist das schöne Kindelein?
Es ist das liebe Jesulein.

Sei mir willkommen, edler Gast!
Den Sünder nicht verschmähet hast
und kommst ins Elend her zu mir;
wie soll ich immer danken dir?

Ach Herr, du Schöpfer aller Ding,
wie bist du worden so gering,
daß du da liegst auf dürrem Gras,
davon ein Rind und Esel aß!

Und wär die Welt vielmal so weit,
von Edelstein und Gold bereit',
so wär sie doch dir viel zu klein,
zu sein ein enges Wiegelein.

Der Sammet und die Seiden dein,
das ist grob Heu und Windelein,
darauf du König groß und reich
herprangst, als wär's dein Himmelreich.

Das hat also gefallen dir,
die Wahrheit anzuzeigen mir,
wie aller Welt Macht, Ehr und Gut
vor dir nichts gilt, nichts hilft noch tut.

Ach mein herzliebes Jesulein,
mach dir ein rein, sanft Bettelein,
zu ruhen in meins Herzens Schrein,
daß ich nimmer vergesse dein.

Davon ich allzeit fröhlich sei,
zu springen, singen immer frei
das rechte Susaninne schön,
mit Herzenslust den süßen Ton.

Lob, Ehr sei Gott im höchsten Thron,
der uns schenkt seinen ein'gen Sohn;
des freuen sich der Engel Schar'
uns singen uns solch neues Jahr.

Zu Bethlehem geboren

In alten Papieren kramend, kommt ihm ein Blatt mit seiner eigenen Handschrift vor Augen, der unfertigen, noch ungelenken Handschrift eines Knaben. „De Adventu Domini“ steht darauf: Über die Ankunft des Herrn. Es ist die Niederschrift eines Schulaufsatzes, wie er sich besinnt. Die Erinnerung bekommt unversehens Umrisse: Kaiserswörth, seine Vaterstadt, die Lateinschule dort, der alte Pater Anselmus, der ihn und die anderen Schüler im christlichen Glauben unterwies. An der rechten unteren Ecke des Blattes entdeckt er seinen eigenen Namen: Friedrich von Spee. Und kaum noch leserlich eine Jahreszahl: A. D. 1602. Elf Jahre war er damals alt. Ihm scheint ein Jahrhundert seitdem vergangen, ihm, dem gerade Vierzigjährigen.

„De Adventu Domini“ – hohnvolle, gottvergessene drei Worte! Ist nicht Gott aus dieser Zeit gewichen? Hat er noch Macht über die Menschen? Was bedeutet denn überhaupt noch die Botschaft von der Ankunft des Gottessohnes? Trifft sie nicht auf verstockte, verhärtete Herzen?

Es ist Krieg in deutschen Landen, ein böser, verderblicher Krieg, der um des rechten Glaubens willen geführt wird. Beide Seiten meinen ihn zu besitzen, die Katholiken wie die Protestanten, die Kaiserlichen wie die Schweden unter ihrem König.

Wenn er, Friedrich von Spee, auch seit einem halben Menschenalter dem Orden Jesu angehört und nicht einen Augenblick irre geworden ist am Bekenntnis zur römischen Kirche, so jammert ihn gleichwohl der Streit der Religionen, der soviel Leid nun schon an die zehn Jahre über die Menschen gebracht hat, die doch alle denselben Gott meinen, dieselbe Krippe zu Bethlehem, dasselbe Kreuz von Golgatha, dasselbe leere Grab am Ostermorgen. Aber wäre es nur dies! Etwas anderes bereitet seinem Herzen weit größere Pein. Es sind die unseligen Hexenverfolgungen, mit denen irregeleitete, fanatisierte Geister noch immer hier und da Angst und Entsetzen verbreiten. Auch in der hiesigen Stadt Würzburg. Was kann er, der ohnmächtige einzelne, gegenüber der entfesselten Menge ausrichten? Die Vernunft beschwören? Immer und immer wieder an die Obrigkeit flehentliche Botschaft richten? Im Gebet Gott um seinen Beistand bitten? Ach, alles das ist geschehen, alles das tut er täglich aufs neue. Er weiß indes auch, daß alles, was durch Menschenhand angerichtet wird, sein natürliches Ende hat, der Krieg, die Heimsuchung, die Verderbnis der Sitten. Die Tage der Welt sind Gottes Tage, gezählt und vorbestimmt.
Friedrich von Spee kennt seinen Platz. Er ist an der Seite der Opfer dieser teuflischen Tribunale. Was er tun kann, ist gering genug: den Gequälten mit dem Wort Gottes beizustehen in der Not des Todes, ihre Beichte zu hören, sie auf das Ende vorzubereiten.

Es ist das Ende, das er für sich selbst ersehnt. Er ist dieser Welt längst müde. Was seine Augen in all den Jahren gesehen haben, hat ihn krank gemacht. Sein Haar ist vor der Zeit ergraut, er fühlt sich an der Schwelle des Grabes, kaum daß er den Zenit des Lebens erreicht hat.

„De Adventu Domini“ – die Ankunft des Herrn? – Mein Gott, warum hast Du uns verlassen?

Die Knabenhandschrift verschwimmt vor seinem Blick. Ist nicht auch alles andere längst ausgelöscht? Sein ganzes bisheriges Leben, seine Gedichte, seine Träume, seine Gebete? Wie nahe sind einander doch Demut und Kleinmut!
Vor dem Fenster dämmert der Abend. Spee verläßt sein Zimmer, geht den Hügel hinab zum Fluß, zur Brücke. Auf ihrer Mitte steht er lange und schaut auf das schwärzlich dahinfließende Wasser hinunter. Er kommt sich unendlich alt, unendlich verloren vor. Zum Himmel aufblickend, gewahrt er ihn nicht weniger düster als das Wasser des Flusses. Kein Stern ist zu sehen. Der Dezemberabend ist ungewöhnlich mild, und auch sonst ist die Natur ohne jedes Zeichen des Winters. Ein Zwielicht von Unwirklichkeit, ja Unwahrhaftigkeit ruht auf allem. Im Unverläßlichen der Natur wächst dem Menschen das Gefühl seiner Verlassenheit. „De Adventu Domini . . .“

Wie er so versunken steht, berührt jemand zaghaft seine Schulter. Er dreht sich um und sieht sich einer jungen Frau gegenüber. Sie lächelt ihn an und sagt: „Kennt Ihr mich nicht mehr, Pater?“ – Er tritt einen Schritt zurück, nimmt die Frau voll in den Blick und sagt dann: „Ja natürlich, ich kenne Euch.“ – Sein Blick gleitet an ihr hinab und sieht, daß sie schwanger ist.

Damals – wie lange ist das wohl her? – war sie ein Mädchen von kaum siebzehn Jahren. Der Pöbel war hinter ihr her. Vor seinen Augen sprang sie – an derselben Stelle der Brücke, an der sie beide jetzt stehen – vor Todesangst schreiend in den Fluß. Er sprang ihr nach und zog sie ans Ufer. Die Meute wußte er abzuwehren, mit dem Kreuz Christi und einigen lauten Gebetsrufen. Die Frau lächelt ihn immer noch an, dann zieht sie ihn mit sich:

„Kommt, Pater, kommt mit mir! Mein Mann wird sich freuen, Euch kennenzulernen."
Warum sollte er nicht mitgehen? Was hält ihn hier? Und so verläßt er mit seiner Begleiterin die Brücke und geht mit ihr, wohin sie ihn führt, zuerst den Uferweg hinunter,

an den Speichern der Kaufleute vorbei, durch das stinkende Viertel der Gerber und der Fischhändler hindurch und endlich, hinter der letzten Zeile der Häuser, einen kahlen Rebhügel hinan. Keiner sagt ein Wort, und doch ist beiden, als hielten sie unablässig Zwiesprache miteinander, die Frau und ihr einstiger Retter.

Aus der Dunkelheit taucht eine armselige Hütte auf. „Hier ist es", sagt die Frau und zieht ihren Begleiter durch eine niedrige Tür. Der Raum, der ihn empfängt, ist nur spärlich beleuchtet. An der hinteren Schmalseite sitzt an einem Tisch ein bärtiger Mann unbestimmbaren Alters. Er hat einen länglichen Kloben Holz vor sich, den er behende mit einem Messer bearbeitet. Die Frau geht zu ihm hin, flüstert ihm ein paar rasche Worte zu, worauf er mit einem freundlichen „Guten Abend" und einer einladenden Geste den Fremden näher zu treten bittet. Spee wundert sich, warum der Mann dabei keine Anstalten trifft, sich von seinem Platz zu erheben. Noch ehe aber die Frau, die den Gast aus ruhigen Augen unentwegt anschaut, ein erklärendes Wort finden kann, erkennt er selber den Grund. Dem Mann fehlen beide Beine. Sein Körper endet in zwei Lederstümpfen.

„Seht nur“, sagt er ein wenig hastig, aber ohne Bitterkeit, „das hab’ ich aus dem Krieg mit nach Hause gebracht. Man muß sich daran gewöhnen, nicht wahr?“ Spee ahnt sofort den doppelten Bezug dieser Frage.

Während Spee dem Mann die Hand reicht, schiebt ihm die Frau einen Stuhl hin. Er übersieht ihn, weil sein Blick in anderer Weise in Anspruch genommen ist. Er bemerkt nämlich auf einem breiten Wandbord eine Reihe wunderschöner Madonnenfiguren, teils bemalt, teils noch in der natürlichen Farbe des Holzes.

„Sind das Eure Arbeiten?“ – „O ja. Das dank’ ich halt auch dem Krieg. Er hat mich das Schnitzmesser führen gelehrt, da ich ja zu nichts anderem sonst tauge. Zum Leben reicht’s, wenn ich auch nicht vieles davon verkaufe.“

Nachdem die Frau einen Krug Wein hingestellt hat, kommen die Männer ins Reden. Es ist ein langsames Gespräch, und Spee will nichts davon hören, als der Mann nach Worten des Dankes sucht, nachdem er nun erfahren hat, wer damals seine Frau aus den Händen des Pöbels befreit hat.
Als sich Spee nach einer guten Stunde zum Gehen anschickt, hält ihn die Frau am Ärmel zurück, geht zum Wandbord, nimmt von dort, von dem zustimmenden Blick ihres Mannes begleitet, eine Madonnenfigur herunter und reicht sie ihm hin, mit einem Lächeln, das ganz von innen heraus erwärmt scheint. Spee weiß, daß er diese Gabe nicht ablehnen darf, wenn er die beiden nicht kränken will. Und so nimmt er denn das Schnitzwerk entgegen, eine Darstellung der Muttergottes mit dem Jesusknaben, wie er erst jetzt richtig erkennt.
Auf dem Heimweg ist nichts mehr von seiner trüben Stimmung übrig. Mit Leichtigkeit trägt er unter seinem Mantel die schwere Holzfigur. Er ist ganz erfüllt von dem Gedanken an das einfache Glück der beiden Menschen, die oben in ihrer Hütte auf die Geburt ihres Kindes warten und ihr Leben völlig auf das Vertrauen in Gott gestellt haben. Er fühlt sich dabei selber geheilt und in einer großen Liebe geborgen, die allen Menschen jedes Jahr neu zuteil wird, wenn das nahende Christfest die Geburt des Gottessohnes kündet. „De Adventu Domini" – einen ganz anderen Klang haben für ihn auf einmal diese drei Worte der Erinnerung. Noch in derselben Nacht setzt sich Friedrich von Spee hin und schreibt im Angesicht des Muttergottesbildes eine kleine Folge von Versen nieder, die als Weihnachtslied bis auf den heutigen Tag ihre Kraft und Innigkeit behalten haben:

„Zu Bethlehem geboren ist/uns ein Kindelein . . ."

In seine Lieb versenken
will ich mich ganz hinab,
mein Herz will ich ihm schenken
und alles was ich hab,
eia, eia.

O Kindelein, von Herzen
will ich dich lieben sehr
in Freuden und in Schmerzen
je länger und je mehr,
eia, eia.

Laß mich von dir nicht scheiden,
knüpf zu, knüpf zu das Band
der Liebe zwischen beiden;
nimm hin mein Herz zum Pfand,
eia, eia.

Stille Nacht, heilige Nacht

Am Nachmittag des 24. Dezember 1818 saß in Oberndorf, einem Ort in der Nähe von Salzburg, der junge Hilfspriester Josef Mohr in seiner Stube und las im Brevier. Doch es wollte ihm an der rechten Andacht fehlen. Ein wenig schämte er sich dessen, zumal er doch sonst keine Mühe hatte, seine Gedanken zusammenzuhalten, sooft die Lektüre der Heiligen Schrift oder die Abfassung eines Predigttextes es geboten.
Nun hatte er freilich eine Erklärung für die Unruhe seines Gemütes zur Hand; denn vor wenigen Tagen war sein Freund Franz Gruber bei ihm gewesen, der in der Nachbargemeinde Arnsdorf als Lehrer tätig war, zugleich aber auch das Amt des Organisten an der Pfarrkirche St. Nicolai versah. Gruber hatte am Ende eines ihrer häufigen Gespräche plötzlich vorgeschlagen, sie beide sollten doch ein Lied für die Heilige Nacht verfassen, das sich für zwei Solostimmen mit Chor- und Guitarrebegleitung eigne. Die alte Orgel von St. Nicolai war nämlich vor kurzem unbrauchbar geworden, weshalb Gruber auf den Ausweg mit der Guitarrenbegleitung verfallen war. Gern hatte Mohr diesem Plan zugestimmt. Und so kam es, daß er sich sogleich an die Arbeit machte, kaum daß der Freund ihn verlassen hatte. So ein Liedtext konnte doch nicht schwierig sein.

Er legte Holz ins Feuer, wärmte einen Tee, schnitt sich eine Feder zurecht und begab sich vor ein leeres Blatt Papier, dessen seltsame Anziehung ihn durch so viele Abende und Nächte seines Lebens hindurch erzürnt und erschöpft und zugleich doch beseligt und berauscht hatte. Aber es wollte ihm diesmal nichts aus der Feder, das vor seinem Urteil, geschweige denn vor dem seines Freundes Gruber bestanden haben würde. Blatt um Blatt, in Zorn oder in Demut beschriftet, knüllte er zusammen, bis schließlich von den Papierkugeln seiner Ohnmacht fast der ganze Fußboden ringsum bedeckt war. Und so nistete in seinem Inneren sich jenes bängliche Gefühl ein, wie es oft Kinder befällt, die einen Tag vor der Fälligkeit des Schulaufsatzes nichts außer der Überschrift auf der Schreibtafel haben. Noch nie war ihm der Weg vom Wollen zum Vollbringen so lang und so beschwerlich erschienen wie angesichts dieser Aufgabe.

Unterdes war nun die Christnacht herangerückt, ohne daß Mohrs Verdrießlichkeit sich verzogen hätte. Die Dämmerung kam. Das Zimmer lag im bläulichen Schneelicht des Abends. Mohr legte das Brevier aus der Hand, erhob sich und entzündete eine Kerze. Es fröstelte ihn. Er trat ans Fenster, das mit Eisblumen völlig bedeckt war. Er hauchte seinen Atem dagegen, vor dessen Wärme sich das Matte schnell und immer runder verzog, bis in dem blanken Loch das Licht eines Sternes Platz hatte. Nach einer Weile gerann die Milch des Frostes wieder, und der Stern verschwand. Mohr öffnete das Fenster. Die Kerze verlosch im Windhauch, und da war es mit einem Male, als bräche der blausamtene Winterhimmel mit seinen Tausenden von Sternen in die Enge des Zimmers herein. Das Licht schien mit der Stille zu musizieren. Ein feines Tönen schwang in der Luft, von keinem äußeren Ohr vernehmbar. Wie hinter Glas gemalt, zog sich die dunkle Linie der Wälder über die schneebedeckten Hügel, die seltsam nah wirkten. In den Häusern von Oberndorf glomm der Lampenschein.
Mohr stand regungslos, hingegeben an die Stille, die wie ein Gedicht mit Reimen und herrlichen Worten war. Er blickte abermals zum Himmel hinauf. Das Sternenrad dort oben schien eine sanfte, winzige Drehung gemacht zu haben. Es war ihm wie einem Menschen zumute, der eine Hand im Nebel gefunden hatte, die ihn geleitete. Eine Gewißheit, tief aus ihm kommend, wuchs und wurde in einem Maße mächtig, daß sie über die Dämme seines Herzens flutete und alle Erinnerung in das Netz dieser einen großen Minute verschlug.

So war eigentlich alles längst geschehen, was zu geschehen hatte. Der Priester Josef Mohr verließ das Haus und eilte in die Nacht hinaus, wo die Glocken von St. Nicolai soeben die Weihnacht einläuteten. Er begab sich in die Wohnung seines Freundes und berichtete ihm, daß das neue Lied gefunden sei und daß es nur noch der Melodie bedürfe.
Der Schulmeister Gruber langte lächelnd die Guitarre vom Wandhaken, und es währte keine Stunde mehr, da hatten sie Wort und Weise beieinander. Beides übten sie kurze Zeit mit einigen Sängerinnen ein, und in derselben Nacht, zur Feier der Christmette, erklang das Lied zum ersten Mal vor fremden Ohren. Mohr sang die Oberstimme, Gruber mit vollem Baß die Unterstimme. Das Lied war von ergreifender Wirkung.

Kirchenlied
auf die
heilige Christnacht.
Text von Josef Mohr Coadjutor.
comp. von Franz Gruber Schullehrer
in Arnsdorf und Organist in St. Nicola
oesterr. Laufen.
1818.

Nach dem Gottesdienst sagte die Frau Elise zu ihrem Mann, dem Komponisten Franz Xaver Gruber:
„Du, Franzl, das Lied wird man noch singen, wenn wir zwei längst gestorben sind.“ Diese Worte sollten sich bewahrheiten; denn es gibt heute kaum ein Haus, in welchem nicht zur Weihnachtszeit das wohl volkstümlichste deutsche Weihnachtslied erklingt:

„Stille Nacht, heilige Nacht . . .“

Stille Nacht, heilige Nacht!
Hirten erst kundgemacht
durch der Engel Halleluja,
tönt es laut von fern und nah':
Christ, der Retter, ist da,
Christ, der Retter, ist da!

Stille Nacht, heilige Nacht!
Gottes Sohn, o wie lacht
Lieb' aus deinem göttlichen Mund,
da uns schlägt die rettende Stund',
Christ, in deiner Geburt,
Christ, in deiner Geburt!

O Tannenbaum, o Tannenbaum

Von den Türmen der Stadt Leipzig läuten die Mittagsglocken. Eine graue, undurchdringliche Schneedämmerung füllt die Straßen und Plätze, so dicht ist der Flockenwirbel, der nun schon seit Tagen ununterbrochen niederstürmt. Die Sonne steht als blasse, mondhafte Scheibe am Himmel. Man muß lange suchen, bis man sie findet. Keine drei Schritte weit reicht der Blick.

Der Mann, der sich einen Weg durch den fast knietiefen Schnee bahnt, muß achtgeben, daß er nicht gegen einen Laternenpfahl oder einen abgestellten Karren stößt. Er ist sehr kurzsichtig. Er macht kleine, vorsichtige Schritte, wobei er ab und zu mit der seitwärts gestreckten Hand eine Mauer oder einen Gartenzaun abtastet. Vornübergebeugt, den Paletot hochgeschlagen, den Hut tief in der Stirn und das Kinn auf die Brust gesenkt, so schützt er sich notdürftig gegen das peitschende Schneetreiben.

Vor einem ansehnlichen, breiten Haus macht er halt, klopft sich den Schnee von Brust und Schultern und drückt die Klinke eines hochbogigen Tores nieder. Zuvor aber noch krampft er den Mantelärmel über die Faust und wischt damit die Blindheit von einem winzigen Messingschild, das zuoberst einer langen Reihe größerer Schilder angebracht ist. Wer genau hinsieht, kann die Inschrift auf der kleinen Metalltafel entziffern. In schwarz ausgefüllter Gravur ist der Name Ernst Anschütz zu lesen, und darunter steht noch: Pädagoge.

Anschütz ist Lehrer an der Nikolaischule. Seit vielen Jahren schon. Und er ist immer zufrieden und glücklich in seinem Beruf gewesen. Aber heute hat es zum ersten Mal Verdruß gegeben. Daran muß er denken, als er die zwei Treppen zu seiner Dachstube hinaufsteigt. Über einer an sich nichtigen Meinungsverschiedenheit ist es zwischen ihm und dem Rektor zu einem heftigen Streit und schließlich gar zu einem Zerwürfnis gekommen. Nach all dem, was vorgefallen ist, hält Anschütz sein Ausscheiden aus dem Amt für unumgänglich. Wie hat das nur geschehen können? Er ist doch ein Mann von gemäßigtem Temperament, eher zur Nachgiebigkeit als zum Widerspruch geneigt. Den Rektor freilich, den kennt er als einen griesgrämigen Eiferer, der oft und gern, doch durchaus nicht immer begründet, auf seine pädagogische Erfahrung pocht.

Anschütz betritt niedergeschlagen sein Zimmer. Er entledigt sich seines Mantels und macht sich am Ofen zu schaffen. Die kleine Höhle wird sich im Nu erwärmen. Als er das Fenster öffnet, um den Rauch abziehen zu lassen, bemerkt er, daß der Sturm sich gelegt hat und daß der Schnee gemächlich und nur noch in spärlichen Flocken niederfällt.

Vor dem gegenüberliegenden Hause hält ein Pferdeschlitten. Zwei Männer mit langen blauen Schürzen und mit Pelzmützen laden Tannenbäume ab, große und kleine. Einen nach dem anderen lehnen sie steil gegen die Hauswand. Ein ganzer lebendiger Wald wächst da längs der Straße und füllt sie mit seinem Duft

nach Sommer und unverwelklichem Grün. Eine junge Frau kommt über die Straße gelaufen. Sie geht vor der langen Reihe der Bäume eine Weile prüfend auf und ab. Endlich bleibt sie stehen. Sie winkt einen der beiden Händler zu sich, deutet auf ein kleines Tannenbäumchen und läßt es sich unter den Arm geben. So hat sie für ein paar Groschen ihren Christbaum erstanden. Sie wird ihn nach Hause tragen, in die Stube stellen und am Heiligen Abend mit Zuckerwerk behängen – zur Freude der Kinder.
Es kommen immer mehr Leute, die solche Bäume kaufen und davontragen. Anschütz, der unentwegt am Fenster steht und das Bild betrachtet, kann sich nicht erinnern, daß es die Sitte der Christbäume schon gegeben hat, als er noch ein Kind war.
Wie er aber so ganz versunken schaut, hat er plötzlich das Empfinden, als ob sein Glück davon abhinge, wenn er sich nicht auch einen Christbaum ins Zimmer stellte. Er geht und holt sich einen. Und merkwürdig: seine Bedrückung ist wie weggeblasen, als seine Finger über die dunkelgrünen, an ihrer Unterseite milchiggrauen Nadelzweige gleiten. Sind diese kräftigen Zweige nicht ein lebendiges Sinnbild der Beständigkeit? Liegt nicht ein weidlicher Trost darin, daß kein Sturm, kein Regen, kein Frost ihnen etwas anhaben kann? Ach, da hält die Natur dem Menschen, um ihn aus seiner Verzagtheit aufzurichten, so manches Zeichen vor, nur merkt er's nicht!

Der Lehrer Ernst Anschütz hat in seiner Bibliothek eine kleine Sammlung Volkslieder. Es sind Kompositionen des Berliner Musikers August Zarnack, von dem auch einige Liedtexte stammen. Die meisten freilich gehen auf alte Volksdichtungen zurück. Das Bändchen ist vor vier Jahren erschienen und wird seitdem für den Singunterricht an höheren Schulen benützt. Das Lied vom Tannenbaum steht darin. Es ist seinem Wesen nach ganz und gar ein Liebeslied. Und Anschütz möchte doch gerade jetzt der schönen Melodie etwas Neues, vielleicht etwas Weihnachtliches andichten, etwas, das die Kinder, aber auch die Erwachsenen im Innersten anrührt und froh macht.

Die erste Strophe kann er, so wie sie ist, beibehalten, doch anstelle der übrigen wird er wohl zwei, drei neue Vierzeiler schreiben müssen.

Er überlegt nicht lange. Er will es probieren. Und wie er sitzt und schreibt, bemerkt er kaum, daß er aus dem Probieren mitten ins Vollbringen gerät. Noch vor dem Lichtanzünden ist er fertig. Er setzt seinen Namen unter das Blatt und das Datum: Leipzig, den 19. Dezember 1824. Dies ist also der Geburtstag eines der schönsten Weihnachtslieder, welches von Stund an die Herzen der Menschen in Besitz genommen hat:

„O Tannenbaum, o Tannenbaum,/wie treu sind deine Blätter . . .“

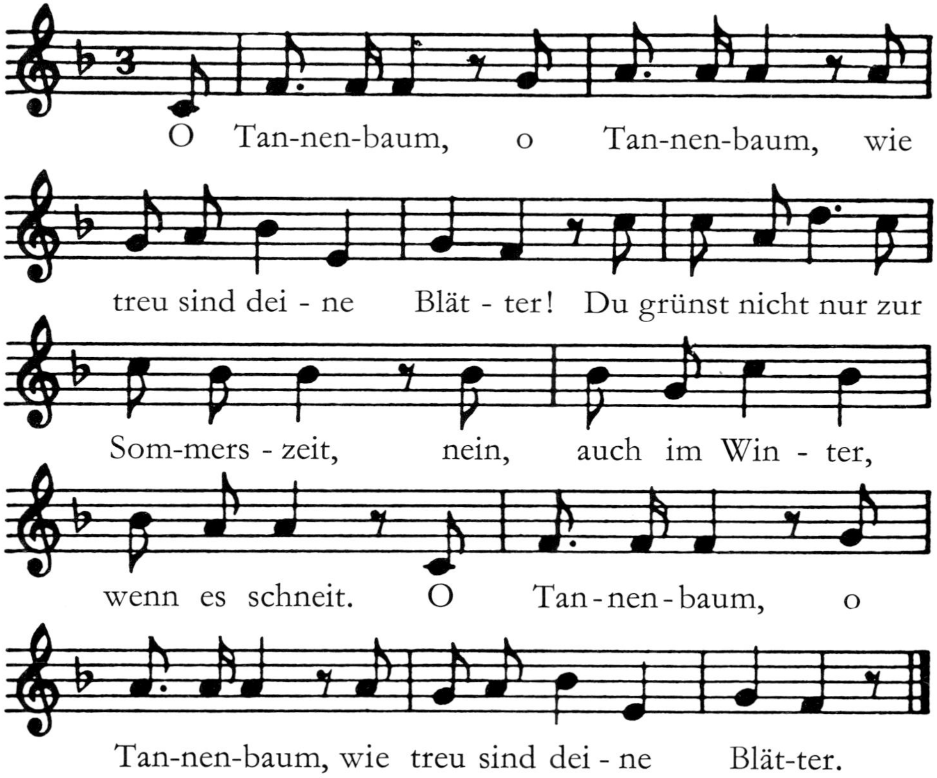

O Tannenbaum, o Tannenbaum,
du kannst mir sehr gefallen!
Wie oft hat nicht zur Weihnachtszeit
ein Baum von dir mich hocherfreut!
O Tannenbaum, o Tannenbaum,
du kannst mir sehr gefallen!

O Tannenbaum, o Tannenbaum,
dein Kleid will mich was lehren:
die Hoffnung und Beständigkeit
gibt Mut und Kraft zu jeder Zeit!
O Tannenbaum, o Tannenbaum,
dein Kleid will mich was lehren.

NACHWORT
von Karin Prager

Mein Mann Gerhard Prager beschrieb die Entstehung einiger unserer bekanntesten Weihnachtslieder. Seine Geschichten treffen den Ton der Legende, der Sage – und enthalten wie diese einen wahren Kern: Erstmals erschienen sie im Jahre 1960 unter dem Titel *Davon ich singen und sagen will.* Es folgten zwei Auflagen sowie die Produktion einer Langspielplatte; hier ließ man Kinderchöre die Weihnachtslieder singen, über die das Buch berichtet, und Robert Lembke las die Entstehungsgeschichten. 1976 entstand ein Fernsehfilm, in dem die Geschichten in bildliche Szenen umgesetzt wurden. Die Trickfilm-Collagen von Walter und Traudl Reiner vermittelten dem Zuschauer in stimmungsvollen, jedoch unsentimentalen Bildern die Schauplätze des Geschehens und die Episoden der Handlung. Kinder und kleine Gesangsgruppen sangen die Weihnachtslieder, während die Erzählungen selbst von Wolfgang Reichmann und Christine Ostermeyer vorgelesen wurden.

Die Sendung dieses Films am 24. Dezember 1976 im Zweiten Deutschen Fernsehen erlebte mein Mann nicht mehr: er starb im Jahr 1975.

Der Gedanke, mit dem Bildmaterial der Fernsehproduktion eine Neuauflage des Buches meines Mannes herauszubringen, erschien mir sehr sinnvoll. Die Illustrationen von Walter und Traudl Reiner konnten in eine buchgerechte Form umkomponiert werden; zudem stellte man fest, daß das, was mein Mann vor nahezu zwanzig Jahren geschrieben hat, auch heute noch seine Leserfreunde finden wird, seien es Erwachsene oder auch Kinder.

Was Gerhard Prager im Nachwort zur ersten Auflage schrieb, möchte ich hier wiederholen: »Die hier vereinigten Geschichten über die Entstehung bekannter deutscher Weihnachtslieder sind weder zur Ehre der Literatur geschrieben noch zum Nutzen wissenschaftlicher Volksliederforschung. Sie wenden sich vielmehr an den schlichten Leser, der nichts weiter im Sinn hat, als sich unterhalten zu lassen. Er darf gleichwohl darauf vertrauen, daß ihm hier nichts vorgeflunkert wird im Übermut des Fabulierens, sondern daß der Wahrheitsgehalt dieser Geschichten immerhin so verläßlich ist, daß niemand wird sagen können, er werde mit historisch falschen Zeugnissen behelligt. Das Gespinst schriftstellerischer Phantasie umkleidet also einen Kern nachprüfbarer Tatsachen und wahrer Begebenheiten.«
Es ist zu hoffen, daß sich ein großer Leserkreis diesem neugestalteten Band in seiner Einheit von Text und Bild mit Freuden widmen wird; sicherlich werden die einfühlsamen Graphiken das Ihre dazu beitragen. Im Anschauen der Bilder, im Lesen der Erzählungen wird jene Atmosphäre des Märchenhaften, Legendären entstehen, in der die Sehnsucht des modernen Menschen ein wenig oder für einen Augenblick ihre Erfüllung findet.

Ingelheim, im Herbst 1978